Roja Baumhoff

DIE HALBJÜDIN

– Erinnerungen –

Herausgegeben
von Dieter Baumhoff

FRIELING

Vorwort

Als so genannter Mischling ersten Grades fiel ich automatisch unter den rassenpolitischen Verfolgungswahn des Dritten Reiches. Die bitteren Auswüchse, Zurücksetzung, Hohn und Spott in der Schule, kein Sportclub, Einsamkeit, Kränkungen überschatteten meine Jugend und ließen fürs ganze Leben unausrottbare Erinnerungen zurück, die jetzt in meinem Alter verstärkt in Erscheinung treten. Entscheidende Entwicklungsjahre sind zwischen dem zehnten und zwanzigsten Lebensjahr für einen Menschen, die ihn fürs Leben prägen.

Da der Antisemitismus wieder aufkeimt, möchte ich meine unter dem Naziregime verlebte Jugend für meine Kinder und Enkel zu Papier bringen. Ich werde mit meinen Großeltern mütterlicherseits beginnen und anschließend bei den vier dazugehörigen Kindern.

Gertrud, Onkel Walter, Großmutter, Tante Anni und Onkel Görgel, vorn ich als Kind und Karl-Heinz

Meine Großeltern

Mein Großvater war Arzt und hatte seine Praxis in Limburg. Er war Geheimrat. Im Sommer besuchte er seine Patienten in der Umgebung per Pferd, im Winter mit der Kutsche. Er kam abends vor 22 Uhr nicht nach Hause. Dann gab es noch ein opulentes Mahl. Das Personal arbeitete fast rund um die Uhr. Er verstarb 1917 im Ersten Weltkrieg.

Sein ältester Sohn übernahm die Praxis, und meine Mutter wurde als Oberschwester im Feld mit vielen Auszeichnungen geehrt.

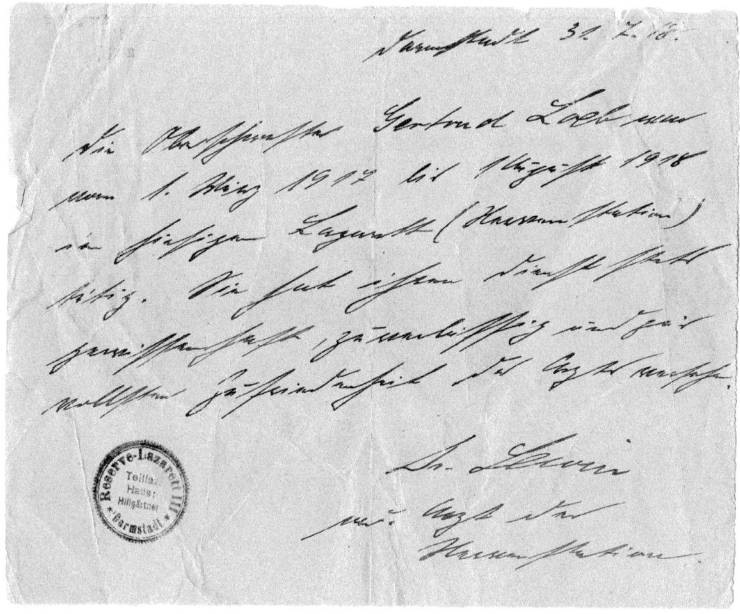

Darmstadt 31.7.18.

Die Oberschwester Gertrud Loeb war vom 1. März 1917 bis 1. August 1918 im hiesigen Lazarett (Hessen-Station) tätig. Sie hat ihren Dienst stets gewissenhaft, zuverlässig und zur vollsten Zufriedenheit des Arztes versehen.

Dr. Lewin
[illegible] Arzt der Hessenstation

Reserve-Lazarett III
Teillaz. Haus: Hillgärtner
Darmstadt

Die Oberschwester Gertrud Loeb war vom 1. März 1917 bis 1. August 1918 im hiesigen Lazarett Hessen-Nassau tätig. Sie hat ihren Dienst stets gewissenhaft, zuverlässig und zur vollsten Zufriedenheit des Arztes versehen. Dr. Lewin, Darmstadt, 31.7.1918

ЦАРСТВО БЪЛГАРИЯ

МИНИСТЕРСТВО НА ВОЙНАТА

СВИДЕТЕЛСТВО

№ 83917

Frau Gertrud Mundinger geb. Loeb, Oberschwester

отъ Hachenburg околия,

е взелъ участие въ войната презъ 1915/918 г.

Въ знакъ на благодарность и за споменъ на това участие

НЕГОВО ВЕЛИЧЕСТВО ЦАРЬТЪ

му дарява възпоменателния медалъ

за тая война на червена лента

mit weissem Streifen

София, 17. Februar 1941 г.

ВЪЗПОМЕНАТЕЛЕНЪ МЕДАЛЪ 1915 1918 150

ГЕНЕРАЛЪ ЛЕЙТЕНАНТЪ
МИНИСТЪРЪ НА ВОЙНАТА

НАЧАЛНИКЪ НА ОТДѢЛЕНИЕ ЗА ВОЕННИ МУЗЕИ,
ПАМЕТНИЦИ И ПР.

Im Namen des Führers und Reichskanzlers

Dem^r Frau Gertrud M u n d i n g e r geb. L o e b

zu Münster i. W.,

ist auf Grund der Verordnung vom 13. Juli 1934 zur Erinnerung an den Weltkrieg 1914/1918 das von dem Reichspräsidenten Generalfeldmarschall von Hindenburg gestiftete

Ehrenkreuz für Kriegsteilnehmer

verliehen worden.

Münster i. W., den 1. Juli 1936.

Der Oberbürgermeister.
I. A.

Stadtoberinspektor.

Nr. M. 156. /36.

ERNST LUDWIG

VON GOTTES GNADEN
GROSSHERZOG VON HESSEN UND BEI RHEIN.

WIR HABEN DER

Schwester

Gertrude Loeb

UNSER

MILITÄR-SANITÄTS-KREUZ

VERLIEHEN UND ERTEILEN HIERÜBER GEGENWÄRTIGE URKUNDE.

DARMSTADT, DEN 17. September 1916.

Ernst Ludwig

Doch nun komme ich erst zu meiner Großmutter. Streng, konsequent und lieb. Um eine gute Rückenhaltung zu bekommen, mußte meine Mutter nach dem Mittagessen eine Stunde mit einem Stock und den Armen auf dem Rücken liegen, während meine Großmutter auf dem Flügel vorspielte. Disziplin war das wichtigste, was meine Mutter bis ins hohe Alter behielt. Ferner gab es auf dem Brot Butter oder Marmelade, denn nur wenn man zwei Häuser sein eigen nennen konnte, durfte man beides nehmen. Ferner, wenn meine Mutter zu wild mit ihren beiden Brüdern auf den Bäumen herumkletterte und eine Platzwunde davontrug, so hat ihr Vater die Wunde ohne Betäubung genäht, als Abschreckung.

Tante Anni, meine Patentante

Doch nun zu der Ältesten. Sie war anders. Alle Kinder, es waren vier, spielten Klavier, aber sie hielt sich für etwas Besseres. Beide Schwestern waren auf einer Privatschule. Die Älteste interessierte sich für Biologie und war auch sehr erfolgreich. Außerdem sehr gepflegt – alle umschwärmten sie. Man ging 1920 in den Offiziersclub. Einer Tochter eines großen Warenhauses war der Zutritt versagt, die Schwestern als Akademiker waren zugelassen. Und um einen Offizier heiraten zu können, mußte man 75.000 Goldmark besitzen. Sie heiratete einen gutaussehenden Offizier, der eine Hals-Nasen-Ohren-Praxis in Unna hatte und gleichzeitig Knappschaftsarzt war. Sie führte ein großes Haus, bekam aber leider keine Kinder. Als Personal hatte sie eine Pastorentochter. Als sie aus einem Urlaub zurückkamen, war das Wertvollste aus ihrem Haus verschwunden. Die Pastorentochter hatte in ihrer Abwesenheit ein Verhältnis mit einem Ganoven begonnen, somit kam auch keine Versicherung für den Schaden auf. Ich war noch sehr jung, trotzdem kann ich mich an das elegante Anwesen erinnern.

Alles nahm 1928 ein brutales Ende, als ihr Mann mit seinem Freund bei den ersten Flügen in der Luft verbrannte. Kurz entschlossen verkaufte meine Patentante, wie man so schön sagt, Haus und Hof und machte nur noch Weltreisen. Ihr Inventar wurde in Münster in einer Spedition untergestellt. Mein Vater hielt ein Auge auf die Schätze, bis sie Ende der dreißiger Jahre verschwunden waren, von den Nazis beschlagnahmt. Sie selber besuchte uns häufig bis zum Jahre 1935 mit roten Fingernägeln, raffiniertesten Hüten, wohnte aber immer im Hotel.

Onkel Görgel

Nun zum Bruder meiner Mutter, dem Arzt, der die Praxis übernahm. Er war in der schlagenden Verbindung und sah sehr gut aus. Nach dem Ersten Weltkrieg assistierte ihm meine Mutter in der Praxis, und sie wohnten mit ihrer Mutter im gleichen Haus, in dem auch die Praxis war.

Da meine Mutter ihren Verlobten, einen Juristen, im Krieg verloren hatte, waren die drei ein glückliches Kleeblatt.

Dann lernte mein Onkel Margot, eine rasante Frankfurterin, geschieden, aus einem reichen, natürlich jüdischen Bankhaus kennen und lieben.

Sie heirateten, bewohnten ein schönes Haus und bekamen einen Sohn. Inzwischen war meine Mutter aber auch verheiratet, das aber später. Während er in der Praxis arbeitete, ging sie zu ihm im Schlafanzug, zigarrenrauchend über die Straße, was zur damaligen Zeit unvorstellbar war. Limburg war empört. Bei soviel Extravaganz mußte die Ehe ja schiefgehen. Sie wanderte nach Portugal aus und lebte dort mit einem Minister zusammen.

Bis 1933 konnte Onkel Görgel die Praxis noch halten, machte Hausbesuche, mittlerweile aber mit dem Auto. Doch dann verlangte Hitler ein Ende. So wurde er 1934 Schiffsarzt bei Hapag Lloyd und lernte die Welt kennen. Sein Sohn Herbert kam auf ein katholisches Internat in Lüdinghausen, auf dem er bis 1938 blieb. Keiner wußte, daß er Jude war, zumal er getauft war, wie wir alle. Mein Vater brachte ihn nach Holland, wo er sich mit seinem Vater nach Rio einschiffte. Nachdem mein Onkel bei Hapag Lloyd aufhören mußte, war er zwei Jahre Leibarzt von Haile Selassie in Addis Abeba, der Hauptstadt Äthiopiens. Er bekam dort eine schwere Amöbenruhr, und somit war auch das Kapitel beendet. Er hatte von 1933 an sein Gehalt wohlweislich auf eine Bank in Rio transferiert, in weiser Voraussicht, daß er dort einmal landen würde. Er kam 1951 nach Deutschland zurück. Er war ein passionierter Bridgespieler und hatte damit bis 1951 seinen Lebensunterhalt bestritten. Er lebte einige Jahre bei uns, verstarb vereinsamt in einem Altersheim in Goslar.

Sein Sohn Herbert heiratete 1955 nach Dänemark, bekam drei Söhne, ist mittlerweile aber auch schon verstorben. Seine Mutter erlebte ich nach dem Krieg noch einmal. Sie bekamen ja alle eine saftige Wiedergutmachung, wovon sie in Portugal gut leben konnten.

Onkel Walter

Nun zum zweiten Bruder meiner Mutter, der auch ein schweres Schicksal hatte. Er war Apotheker, ebenfalls Offizier und in einer schlagenden Verbindung wie sein Bruder, was ich als Kind sehr aufregend fand mit den Schmissen im Gesicht. Zum Leidwesen meiner Großmutter heiratete er unter seinem Stand. Seine Frau Garda war aber sehr hübsch, sie waren glücklich und bekamen auch einen Sohn. Sie lebten in Frankfurt, wo mein Onkel seine eigene Apotheke betrieb. Nach 1934 durfte er noch Angestellter in seiner eigenen Apotheke sein, dann wurde auch das verboten. Er fand in Nesselwang eine Anstellung. 1939 vertrieb man ihn auch dort. Seine Schwiegermutter besaß ein Haus mit acht Wohnungen in Sachsenhausen, eine gute Wohngegend in Frankfurt. Von nun an wurde er verdonnert, das Treppenhaus zu putzen, bis zu dem Augenblick, wo man ihn nach Auschwitz transportierte.

Seine Frau mußte in einer Fabrik arbeiten, der Sohn Karl-Heinz ging zur Schule. Vor dem Abitur wurde er eingezogen nach Rußland. Er kam nach dem Krieg zurück, machte sein Abitur nach und studierte Pharmazie. Sie bekamen sofort ihre Apotheke zurück, mußten aber einen Vertreter hereinsetzen.

Eines Tages im Herbst 1948 stand mein Onkel bei uns in Jägerhaus vor der Tür, völlig abgemagert. Er war einer der wenigen, die das Konzentrationslager Auschwitz überlebt hatten. Wir päppelten ihn drei Monate lang auf, und dann fuhr er auf einem Kohlewagen nach Frankfurt. Es gab eine große Wiedersehensfreude, alle waren glücklich. Da bekommt Garda Krebs und stirbt.

Er heiratete leider nun eine Frau, die jeden Abend einen Teil seiner Einnahmen, die er voller Stolz mit nach Hause brachte, stahl. So wurde die Ehe bald geschieden.

Der Sohn Karl-Heinz war mit seiner Ausbildung noch nicht fertig, da starb mein Onkel. Bis er sich richtig eingearbeitet hatte, stellte er fest, daß der Vertreter, der unterdessen die Apotheke geleitet hatte, 200.000 DM unterschlagen hatte. Mit Hilfe seiner Frau Ulla, die sehr sparsam war, konnten sie im Laufe der Jahre den Verlust ausgleichen. Sie bekamen drei Kinder, zwei Töchter und einen Sohn, der aber kein Interesse an dem Beruf hatte. Die Älteste wurde Apothekerin, heiratete und bekam Kinder, so daß man alles verkaufte. Mein Vetter ist in den 70er Jahren leider schon verstorben.

Meine Mutter Gertrud

Nun kommen wir zu meiner Mutter. Sie war das Gegenteil ihrer Schwester. Sie machte jeden Unsinn mit ihren Brüdern, wie ich schon erwähnte. Außerdem war sie eine sehr gute Tennisspielerin. Noch in langen Röcken erreichte sie öfters den ersten Preis in Bad Ems im Turnier. Als junges Mädchen verfaßte sie mit wunderbaren Sprüchen und Versen berühmter Dichter einen Kalender, in den sie auch für sie wichtige Ereignisse eintrug, was ich fortsetze, da ich ihn geerbt habe.

Sie war Krankenschwester und half nach dem Ersten Weltkrieg ihrem Bruder in der Praxis, was ich schon erwähnte. Bis sie 1922 meinen Vater im Schloß Schaumburg kennengelernt hat. Er war Doktor der Betriebswirtschaft und bei Buderus in Limburg tätig. Es war für beide Liebe auf den ersten Blick. Sie heirateten 1923 und zogen nach Münster.

Kommandantur
Durchgangslager Limburg a. Lahn

Abtlg. Kommandant.

Limburg a Lahn, den 24. 2. 20.

3

Schwester Gertrud Loeb

ist seit dem 31. 8. 19 im Durchgangslager als Transportbegleitführerin tätig. Sie hat ihre Aufgabe mit grossem Verständnis und Hingebung, dem höher erfüllt. Den Bemühungen, in jeder Weise für die Heimkehrer zu sorgen, ist sie restlos gerecht geworden. Ihr heiteres und lebhaftes Wesen, ihr heller Blick für die Bedürfnisse des Augenblicks und ihr Verstehen der grossen Geschehnisse der Geschichte, ihre Fähigkeit mit den Leuten richtig umzugehen, haben sie zu ihrer Aufgabe besonders befähigt. Im Verkehr mit den ihr unterstellten Schwestern verstand sie es recht gut, auch in schwierigen Fällen das Richtige zu finden, und ist mir dadurch eine grosse Stütze geworden.

Ich wünsche ihr das Beste für ihren ferneren Lebensweg.

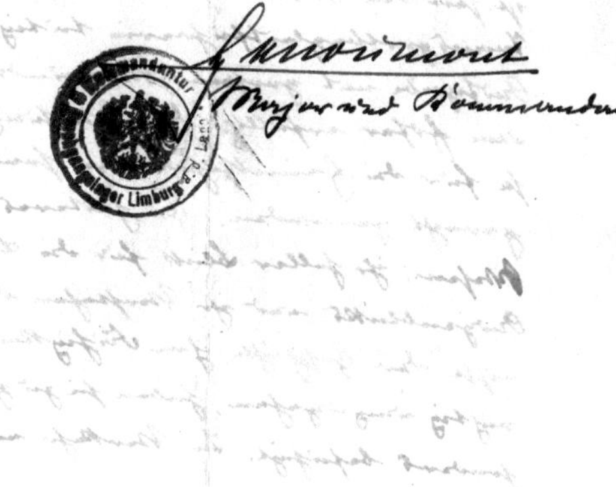

[illegible]
Major und Kommandant.

Kommandantur Durchgangslager Limburg a. d. Lahn

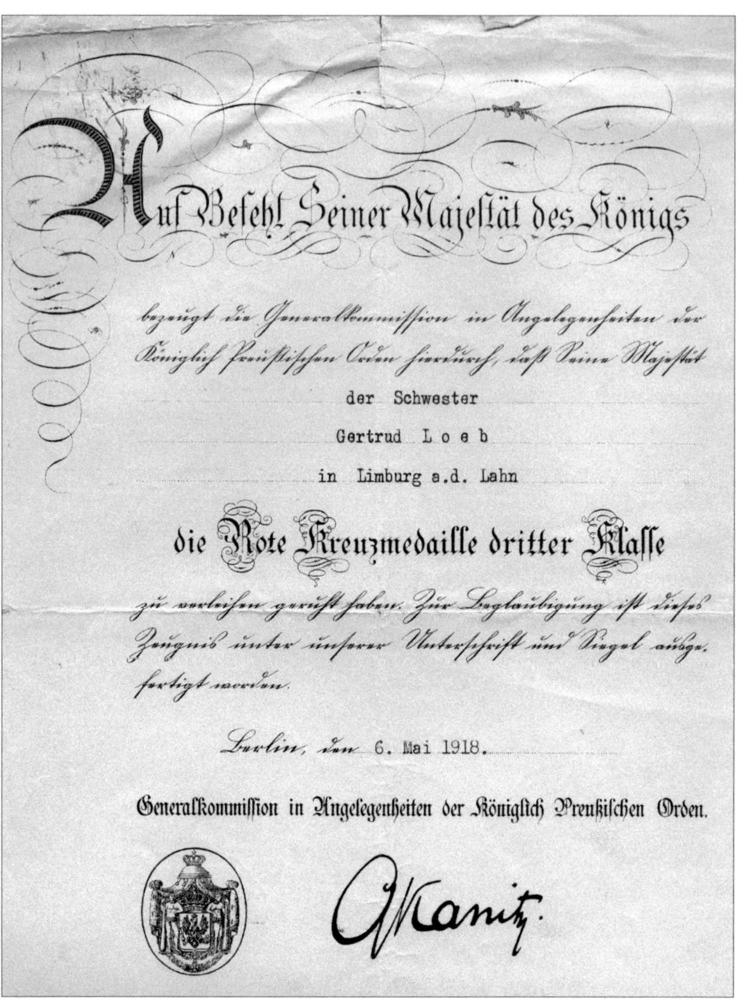

Auf Befehl Seiner Majestät des Königs

bezeugt die Generalkommission in Angelegenheiten der Königlich Preußischen Orden hierdurch, daß Seine Majestät

der Schwester

Gertrud L o e b

in Limburg a.d. Lahn

die Rote Kreuzmedaille dritter Klasse

zu verleihen geruht haben. Zur Beglaubigung ist dieses Zeugnis unter unserer Unterschrift und Siegel ausgefertigt worden.

Berlin, den 6. Mai 1918.

Generalkommission in Angelegenheiten der Königlich Preußischen Orden.

Kanitz.

Die Jahre in Münster

Sie kauften ein Haus auf Rentenbasis und hatten das große Glück, daß das Besitzerehepaar bald starb und sie somit Eigentümer waren. Das erste Kind war eine Fehlgeburt, doch 1925 erblickte ich das Licht der Welt an einem Sonntag. Mit viel Haaren bekam ich eine weiße Schleife ins Haar. Mit ausgeprägter Nase hieß ich der Nasenkönig. 1927 folgte meine Schwester. Mein Vater spielte Geige, meine Mutter Klavier, so wurden oft Hauskonzerte veranstaltet. Politisch und wirtschaftlich sah es nicht rosig aus. Nach dem Bankenkrach 1930 saß mein Vater weinend auf der Toilette, wie meine Mutter erzählte, weil er alles verloren hatte. Es folgten bittere Jahre. Unsere Kleider wurden verlängert, alles wurde bescheidener, keine Ferienreisen, nur zur Oma nach Limburg. Aber wir haben das nicht gemerkt. Man war ja noch so jung. Doch daran kann ich mich gut erinnern, wenn abends spät die SA durch die Straßen marschierte und mein Vater sagte, das wird böse enden, und ich bekam Furcht. Ab 1930 bis 1933 haben die älteste Schwester und der älteste Bruder monatlich meine Eltern unterstützt. So schrecklich das klingen mag, kaum war Hitler an der Macht, kurbelte das die Wirtschaft an. Dazu verstarb 1935 meine Großmutter, somit waren die Geldsorgen vorbei.

Dafür machte sich das neue Regime breit. Viele jüdische akademische Freunde von uns wanderten aus nach Amerika, obwohl sie wußten, daß sie alle Examina wiederholen mußten. Mein Vater als Arier und göttlicher Optimist, was ich gottlob geerbt habe, sagte, uns könnte nichts passieren.

1936 erbaute unser Vater in Jägerhaus zwischen Bauern auf einem 25.000-Quadratmeter-Grundstück, ein wunderbares Haus mit Schilfdach, das vom Dümmersee herantransportiert wurde. Es lag zehn Kilometer von Münster entfernt.

Wir fuhren morgens mit Vati zur Schule und kamen mittags in sein Büro, um mit ihm nach Hause zu fahren. Es war eine sehr harmonische Zeit. Meine Mutter war leider nicht im Grundbuch mit eingetragen als Besitzerin, das sollte später für sie noch üble Folgen haben. Sie lebte zufrieden in der Natur mit vielen Tieren, einem Schäferhund, einem Drahthaarfox und vielen Hühnern. Gemüse und Obst pflanzte sie an. Ein Reh hatten wir auch.

B e s c h e i n i g u n g .

Die Schwester Gertrud Loeb,
geb. 24. März 1889 in Hachenburg,
Kreis Westerburg, war vom 30. Oktober 1914
bis 29. Juli 1915 im Dienste der freiwilligen Krankenpflege
tätig und ~~hat sich~~ war während dieser Zeit fleißig, unermüdlich u. [illegible]
~~geführt~~.

Cassel, den 4. August 1915.

Der Kaiserliche Kommissar und Militär- Jnspekteur
der freiwilligen Krankenpflege.
J. A.

Delegierter d. Kaiserl. Kommissars u. Milit.-Inspekteurs d. freiw. Krankenpflege

Hengstenberg

Territorialdelegierter der freiwilligen Krankenpflege
für die Provinz Hessen-Nassau.

Anders

Nun wurde die politische Landschaft immer kritischer. Ich habe es zuerst in der Schule gemerkt. Alle Klassenkameraden waren im BDM, ich durfte nicht. In der Pause durften die Mädchen mit mir spielen, privat nicht. Manche Lehrer waren abscheulich zu mir. Ich erfuhr von meinen Eltern die Ursache, erzählte es aber nicht meiner Schwester. Ich war zehn Jahre. Ich behaupte, auch die entscheidenden Entwicklungsjahre eines Menschen liegen zwischen dem zehnten und zwanzigsten Lebensjahr. Das prägte Hitler bei mir. Mein sonniger Optimismus half mir bei vielem, aber jetzt im Alter holt es mich wieder ein. Wenn heute jemand etwas über Juden sagt, oder wenn ich unerwartet in einem Film oder Schauspiel jemanden in SS-Uniform sehe, trifft es mich zutiefst. Ich würde mir auch niemals einen Hitlerfilm ansehen. Ich kam in das Alter, wo man sich für das andere Geschlecht interessierte. Ich sah wohl sehr nett aus, und Freunde interessierten sich nicht für meinen politischen Hintergrund. Sie kamen mit dem Fahrrad.

Ich hatte auch fünf Freundinnen, deren Eltern anti Hitler waren. Eine verzog nach Köln, da der Vater versetzt wurde, die zweite zog nach Berlin, die dritte verstarb in der Schweiz an TB, die vierte an Diphtherie, die fünfte und erste sind heute immer noch meine Freundinnen. Die nach Berlin zog, starb an Lungenkrebs.

Der Kriegsanfang

Nun kam der Krieg.

Meinem Vater nahmen sie als allererstes sein Auto. So fuhren wir täglich mit dem Zug zur Schule. Dort machte man mir immer größere Schwierigkeiten. Aber versetzen mußte man mich trotzdem. Ich durfte auch in keinen Sportclub, was ich sehr bedauerte. Da wir nur zwischen Bauern lebten, die sich für Politik nicht sonderlich interessierten, vergingen die Jahre recht friedlich. Ich liebte die Natur, verfolgte den Getreidewuchs von der Saat bis zur Ernte. Ich kaufte auch alle Lebensmittel per Rad zum nächsten Ort. Ich machte lange Spaziergänge mit meiner Mutter, da sie ja unser Domizil nicht mehr verließ, sonst hätte sie mit dem Judenstern herumlaufen müssen.

Langsam nahm der Krieg schlimme Formen an, es fielen Bomben. Zum Glück trennten eine Straße und die Bahn uns von der anderen Seite ab, wo eine Flakstation lag. Durch die Leuchtbomben war das bestens ersichtlich.

Die Kristallnacht vergaß ich zu erwähnen. Wie ich morgens vom Zug zur Schule ging, war ich entsetzt. Die letzten jüdischen Freunde verließen alles fluchtartig, und alles Hab und Gut wurde sofort vom Staat kassiert.

Mein Gesuch

Mittlerweile war ich so unglücklich, daß meine Eltern mich auf eine Schwesternschule schickten, in der man auch das Abi machen konnte.

Das Glück hielt nicht lange an. Ich stand ein halbes Jahr vor dem Abi (1942), da wurde die Schule verstaatlicht von meiner ehemaligen Schule, und ich flog raus. Da ich ja immer den Wunsch hatte, Medizin zu studieren, ging mein Gesuch, Krankenschwester zu werden, bis zum Führer. Es wurde glattweg abgelehnt, keinen akademischen Beruf. So steckte man mich als Pflichtjahrmädchen zum Bauern, 13 Kilometer von zu Hause fort, was ich gut mit dem Rad machte.

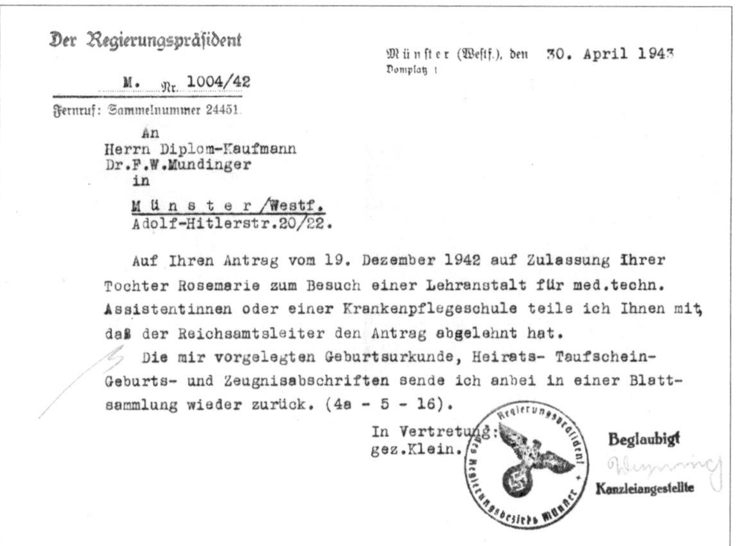

Der Regierungspräsident

Münster (Westf.), den 30. April 1943
Domplatz 1

M. Nr. 1004/42

Fernruf: Sammelnummer 24451

An
Herrn Diplom-Kaufmann
Dr.F.W.Mundinger
in

Münster/Westf.
Adolf-Hitlerstr.20/22.

Auf Ihren Antrag vom 19. Dezember 1942 auf Zulassung Ihrer Tochter Rosemarie zum Besuch einer Lehranstalt für med.techn. Assistentinnen oder einer Krankenpflegeschule teile ich Ihnen mit, daß der Reichsamtsleiter den Antrag abgelehnt hat.

Die mir vorgelegten Geburtsurkunde, Heirats- Taufschein- Geburts- und Zeugnisabschriften sende ich anbei in einer Blattsammlung wieder zurück. (4a - 5 - 16).

In Vertretung:
gez.Klein.

Regierungspräsident des Regierungsbezirks Münster

Beglaubigt
Kanzleiangestellte

Als Pflichtjahrmädchen

Von morgens 4.30 Uhr bis 20.30 Uhr abends habe ich geschuftet. Kühe gemolken und schwere Feldarbeit geleistet. Zwei Holländer und zwei Polen waren ebenfalls verpflichtet. Wenn am Sonntag früh die Bauern zur Kirche fuhren mit der Kutsche, habe ich in Windeseile einen Kuchen gebacken. Die Holländer haben den Radiosender Hilversum mit Tanzmusik eingestellt, und die vier Ausländer und ich haben getanzt. Als Dank steckten sie mir heimlich Butter und Sahne zu, für meine Familie.

Wenn ich um 4.30 Uhr aufstand, ging es aufs Plumpsklo im Schweinestall. Einmal, wie ich mich setzte, quietschte es, ich hatte eine Maus platt gedrückt. Ich konnte nur darüber lachen. Beim Schlachten wollten sie mich ärgern. Wenn ein Schwein getötet wird, fließt das Blut in einen Eimer. Damit es nicht gerinnt, muß es mit dem Arm geschlagen werden, bis es erkaltet. Ich mußte es tun. Aber mir machte das nichts aus.

Wie oft passierte es beim Melken, daß eine Kuh bullig war und austrat. Prompt lag ich mit meinem Melkschemel in der Scheiße. Die Heu- und Getreideernte war schon schlimmer. Alles auf den Heuboden schleppen, das war sehr anstrengend. Aber es gab danach auch gutes Essen mit selbstgebackenem Brot und selbstgemachter Sülze.

In dieser Zeit war ich stark wie ein Bär durch das schwere Tragen, und meine Handinnenflächen waren gelb vor Hornhaut vom Melken. Meine Beinmuskeln stark vom vielen Radfahren. Ich war in guter Luft und mußte nicht hungern. Bomben fielen auf dem Land auch nicht, da es dort keine militärischen Anlagen gab. So ging 1943 auch dieser Lebensabschnitt vorüber, und ein neuer begann.

Die Biberfarm

Damit mein Vater nicht zur Organisation (Tott) eingezogen wurde, die Schützengräben ausheben mußte, gründete er eine Biberfarm mit 200 Tieren. Somit waren wir ein wirtschaftlicher Betrieb, und er konnte uns weiterhin schützen. Wie hatten einen Russen als Hilfe, der uns später auch genommen wurde. So half ich meinem Vater noch nebenbei, beim Saubermachen der Ställe, die er extra bauen ließ. Die Tiere brauchten fließendes Wasser, vermehrten sich nur in dem Graben, der vergittert war und durchsichtige Trennwände zum nächsten Pärchen hatte. Sie brauchten wohl Anregung und hatten einen Schlafraum und einen offenen Raum. Sie fraßen Kartoffeln und Rüben, was wir von den Bauern kaufen konnten. Die Felle wurden beschlagnahmt. Das Fleisch schmeckte uns sehr gut und das Fett nahmen wir für Bratkartoffeln, und aus dem Kopf wurde Sülze gemacht. Gehungert haben wir gottlob nicht. Nebenbei war mein Vater auch noch ein begnadeter Künstler. Er malte Aquarellbilder, herrliche Landschaften. So konnte er seinen Frust abbauen.

Von ihren Geschwistern hörte meine Mutter nichts. Meine Schwester ging schon lange auf eine Schwesternschule in Handorf, die leider nicht zum Abi führte.

Ein Teil meiner Freunde war mittlerweile nach einem Notabitur eingezogen worden. Abends nach der Arbeit war ich mit Feldpostbriefen beschäftigt.

Plattenspieler und Eierlikör

Im Jahr 1943 fand sich ein Freund meines Vaters, der ein Fotogeschäft in Münster, am Prinzipalmarkt, hatte und anti-Hitler war und bereit war, mich aufzunehmen, um eine kaufmännische Lehre zu absolvieren.

Inzwischen war mein Vetter Rolf väterlicherseits als angehender Mediziner zum Studium nach Münster gekommen. Mit vier Freunden und Freundinnen von mir wurden wir eine lustige Clique, die sich bei mir auf dem Lande traf. Die anderen brachten den Alkohol aus dem Labor, und ich bereitete daraus einen leckeren Eierlikör. Mit Plattenspielern amüsierten wir uns königlich. Einmal die Woche kam meine Freundin Helga zum Baden zu uns, da in der Stadt wegen der Phosphorbomben in den Badewannen immer Wasser sein mußte, zum Löschen. Münster wurde ja fast völlig zerstört. Wir aber waren jung und genossen jedes Vergnügen. In dieser Zeit sammelte ich Lebertranflaschen, die es in Apotheken öfters ohne Lebensmittelmarken gab. Das sollte mir einmal sehr hilfreich werden. Wie ich auf die Idee kam, kann ich nicht beantworten.

Im Zuchthaus Münster

Eines Morgens klingelte es um fünf Uhr an unserer Haustür. Ich rannte hinunter, und Militärpolizei holte uns drei, meine Mutter, meine Schwester Inka und mich, ab. In meinen Koffer kamen als erstes die fünf Flaschen. Wir wurden nach Münster ins Zuchthaus gebracht. Eine Steigerung von Gefängnis. Wir kamen in einen großen Raum auf ein Strohlager. Wir kannten niemanden. Wir standen auch alle unter Schock. Der Gauleiter von Münster war ein ganz rabiater Hund. Es waren dort Mütter oder Väter mit ihren Kindern, aber doch keiner unter 15 Jahren. Es waren auch drei Söhne eines Textilfabrikanten dabei, wo der jüdische Vater schon verstorben war und die arische Mutter allein zu Hause blieb.

Es konnte ja nicht ausbleiben, wir verliebten uns. Zwei Brüder in meinem Alter, das hat alle Sorge vorübergehend in den Schatten gestellt. Wir blieben dort zwei Tage. Dann wurden wir, bewacht von der Militärpolizei, zum Bahnhof gebracht und in einen Zug verfrachtet.

Irrfahrt

Es ging gen Osten. In Kassel trennte man uns von dem männlichen Geschlecht. Langsam wurde auch mir der Ernst der Lage klar. Wir waren hungrig und traurig. Wir gelangten nach Jena. Und wir kamen in ein völlig überfülltes Lager mit lauter Ostjuden, die ich nur von Hitlerplakaten kannte. Ich bin durchgedreht. Ich habe laut geschrien, „Hitler hat doch recht", und wenn mir einer eine Bombe gegeben hätte, ich hätte sie auf den Komplex geworfen, mit mir zusammen. Dabei reichten sie uns von ihren knappen Portionen einen Teil, den ich ihnen aus den Händen schlug.

Am nächsten Morgen verfrachtete man uns wieder in einen Zug zurück nach Kassel. Man wußte nicht, wohin mit uns. Mit polizeilichem Geleit ging es zu einer ausgebrannten Fabrik. Im dritten Stock standen Zweistockbetten mit Strohsäcken und einer Decke. Toiletten gab es nicht, aber Metallmülleimer. Wenn diese voll waren, durften wir Jüngeren die eine Etage runterschleppen.

Unter uns waren Kriegsgefangene aus aller Herren Länder untergebracht, die uns halfen, die Scheiße noch eine Etage tiefer zu bringen, wo sie entleert wurde. Kein Gefangener hat uns je belästigt.

Da man nicht wußte, was man mit uns anfangen sollte, fand sich dann endlich ein Unternehmen, das uns beschäftigen wollte. Es war die Textilfirma Henschel, die Flugzeugzelte herstellen mußte. So wurden wir wieder verlegt in eine andere ausgebrannte Fabrik, wo schon Frauen aus dem Rheinland untergebracht waren. Wir waren an die hundert Menschen. Die Rheinländer hatten einen Herd und wir aus

Westfalen auch einen. Man baute ein Plumpsklo mit sechs Sitzen nebeneinander. Wieder die Hochbetten mit Stroh und einer Decke. Jedes Schamgefühl geht so verloren.

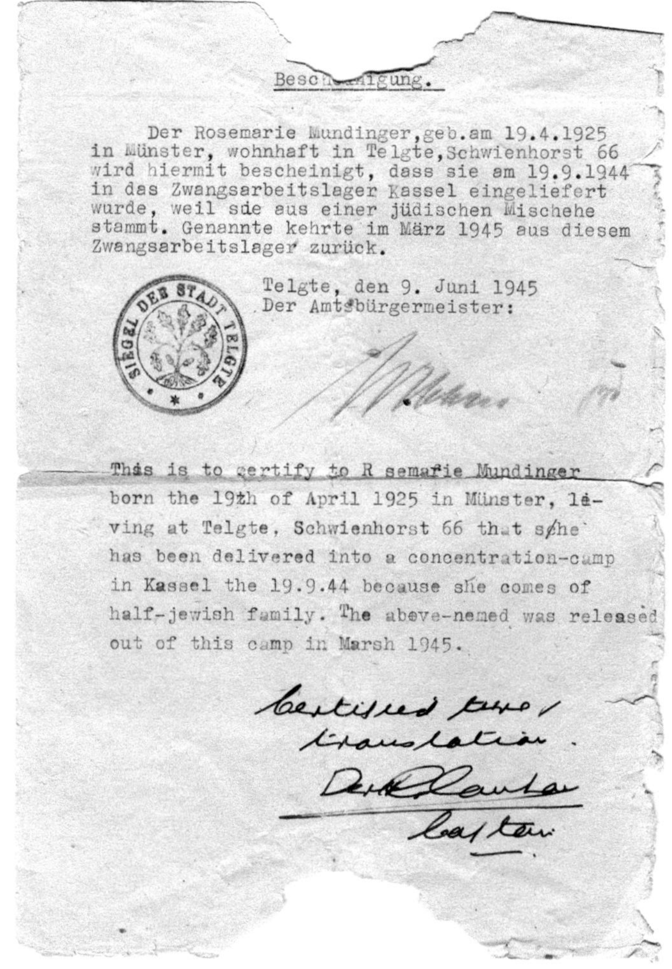

Besc[illegible]igung.

Der Rosemarie Mundinger, geb. am 19.4.1925 in Münster, wohnhaft in Telgte, Schwienhorst 66 wird hiermit bescheinigt, dass sie am 19.9.1944 in das Zwangsarbeitslager Kassel eingeliefert wurde, weil sie aus einer jüdischen Mischehe stammt. Genannte kehrte im März 1945 aus diesem Zwangsarbeitslager zurück.

Telgte, den 9. Juni 1945
Der Amtsbürgermeister:

SIEGEL DER STADT TELGTE

This is to certify to R semarie Mundinger born the 19th of April 1925 in Münster, living at Telgte, Schwienhorst 66 that she has been delivered into a concentration-camp in Kassel the 19.9.44 because she comes of half-jewish family. The above-nemed was released out of this camp in Marsh 1945.

Certified true translation.

In der Fabrik

Man kommt an einen Punkt, wo man resigniert. Morgens früh bestand mein Frühstück aus einem Schluck Lebertran, den ich sorgsam versteckte. Ich mußte schwere Lederecken an die Zelte nähen, die aus vier Teilen bestanden, mit einem Sattlerkolben zwischen den Beinen. Die Zelte wurden verwendet, um die Flugzeuge zu tarnen.

Das Essen kam in einer Gulaschkanone, meist Steckrübenbrühe, die nicht sättigte. Einmal im Monat gab es Grießbrei mit Magermilch und Süßstoff, das war ein Festessen für mich.

Wir wurden morgens und abends mit Polizei zum Lager und zurück gebracht. Es dauerte nicht lange, und ich hatte in Erfahrung gebracht, wo unsere Männer abgeblieben waren. Es war außerhalb Kassels in einem Steinbruch. Sie mußten schwere körperliche Arbeit verrichten. Sie waren aber privat bei einer Familie untergebracht, die sehr nett zu ihnen war. Es dauerte nicht lange, und ich hatte einen Fluchtweg aus unserem Quartier entdeckt, den ich aber niemandem verriet. Zu Fuß machte ich mich auf den Weg. Am Wochenende an Internierungslagern vorbei mit lauter Ausländern. Es hat mich nie einer belästigt. Ich fuhr auch ein Stück mit dem Zug. Bei den Freunden aus den Steinbrüchen angekommen, habe ich erst einmal geduscht. Dann bekam ich von den Besitzern in ihrer Unterkunft Kartoffeln und Fett. So habe ich dort erst einmal eine riesige Pfanne voll Bratkartoffeln zubereitet. Alle, auch ich, fielen darüber her. Abends ging es für mich zurück ins Lager, ich durfte die anderen ja nicht gefährden. Ich habe weder meiner Mutter noch meiner Schwester von meinen Eskapaden erzählt.

Die Franzosen

Ich habe sowieso nicht geglaubt, noch lebend das Kriegsende zu erreichen. Wir durften ja auch nicht bei Fliegeralarm in einen Bunker. Kassel stand 1944 ja unter ständigen Angriffen der Alliierten, da unterirdisch Panzer gebaut wurden.

Wie habe ich die einfachen Leute beneidet, wenn ich an ihren kleinen Häusern vorbeiging und es so gut nach Essen duftete. Ich habe viele Einzelheiten verdrängt, ich kann mich nur erinnern, daß ich eines Tages meine Haare mit Ata gewaschen habe. Wenn man so jung ist, wie ich es war, und ein Draufgänger dazu, fand ich in der Fabrik auch einen französischen Gefangenen und seinen Vetter, mit denen ich mich heimlich traf. Sie bewohnten eine Wohnung und hatten immer etwas Eßbares zur Hand. Der eine war adelig, François de Herculet, und André Camion. Beide aus Lyon. Der Fabrikdirektor, Herr Salzmann, hielt die Hand über die beiden. Wenn er morgens durch die Fabrikhalle ging, kam mir eine gepflegte Parfümwolke entgegen. Das war wie ein Highlight für mich.

Mein Vater, der weiter in unserem Haus in Jägerhaus geblieben war und dort von Tante Lilly (der Mutter meines Freundes) betreut wurde, besuchte uns, schwer bepackt mit Nahrungsmitteln. Er mußte einen Großteil des Weges zu Fuß machen, da die Engländer den Viadukt bei Bebra zerstört hatten. Ich nahm ihm alles ab und gab es meiner Mutter. Er wohnte in einem Hotel. Ich nahm meine Mutter und Schwester mit ins Hotel, wo wir alle ein Bad nehmen konnten.

Weihnachten 1944 und Flucht

Dann stand Weihnachten 1944 vor der Tür. Ich hatte mich mit einer Fabrikarbeiterin angefreundet, die Briefe für mich mit ihrer Adresse annahm. So erfuhr ich, daß mein damaliger Freund mich abholen wollte. Als Offizier kein Problem. Ich versprach den Lagerinsassen, pünktlich zurückzukommen, was ich natürlich auch tat.

Die Mutter meines Freundes wohnte in unserem Elternhaus und versorgte auch meinen Vater. Wie dieser mich ankommen sah, bekam er einen Tobsuchtsanfall, da er Angst um meine Mutter und meine Schwester hatte. Ich genoß die zwei Tage in vollen Zügen und wurde schwer verwöhnt. Bei meiner Rückkehr haben mich alle stürmisch begrüßt.

Inzwischen hatte ich mit meinem Vater Fluchtpläne geschmiedet.

Bei Nacht und Nebel verließen wir im März 1945 das Lager und fuhren ohne Gepäck nach Hause.

Der Vater meines Freundes hatte als Major ein Auto und brachte uns unter Lebensgefahr nach Bocholt zu unserem alten Gärtner, der dorthin verzogen war.

Das Glück war von kurzer Dauer. Die Alliierten waren ja schon gelandet, und man hörte nach einer Woche Geschützlärm. Ich nahm meine Mutter und meine Schwester bei der Hand, und wir bestiegen einen Zug nach Dülmen. Dort besaß ja die Mutter meines Lagerfreundes einen großen Besitz. Sie war einer Ohnmacht nahe, als sie uns erblickte.

Am nächsten Tag holte uns der Major (mein Schwiegervater in spe, Erich) wieder ab.

Inzwischen hatte mein Vater aber andere Freunde gefunden in Delbrück, die ihn aufnahmen und uns drei jeweils bei drei verschiedenen Bauern in der Umgebung unterbrachten, auf Bitten des Pastors. Durch den Bürgermeister bekamen wir Lebensmittelkarten. Er war eben auch anti.

Delbrück

Nun begann die Zeit in Delbrück.

Wir nahmen andere Namen an, ich den meiner besten Freundin Helga. Ich mußte mit einem Mädchen in einem Bett schlafen, war alles besser als auf einem Strohsack. Bei der Feldarbeit mußten sie mich oft dreimal ansprechen, bis ich auf den Namen Helga reagierte. Ich erzählte ihnen, wir wären Flüchtlinge aus Aachen, und bei einem Bombenangriff wäre mein Trommelfell beschädigt worden, daher mein schlechtes Gehör.

Mein Vater ließ sich bei unseren Freunden einen Vollbart wachsen und lange Haare mit Mittelscheitel. Um an die frische Luft zu kommen, ging er nur nachts auf die Straße. Er malte in der Zeit viel, was ja sein Hobby war.

Nun mußten zu allem Überfluß deutsche Einheiten bei dem Rückzug bei uns ihr Quartier aufschlagen. Sie blieben gottlob nicht lange. Ein Offizier war hinter mir her, aber der Bauer half mir.

Die Amerikaner kommen

Dann dauerte es nicht lange, nachdem das Militär verschwunden war, daß die Amerikaner sich näherten. Alle Höfe verschlossen Fenster und Türen und holten alles Vieh in die Ställe. Ich dagegen nahm mir ein weißes Handtuch, knotete es an meinen Mantel und begab mich zur Straße. Von weitem sah ich riesige Panzer mit großen Geschützen auf mich gerichtet. Wie sie auf meiner Höhe waren, hielten sie, und ich sprach sie in meinem schlechten Englisch an und erzählte ihnen, daß ich aus einem Lager geflohen sei und unter falschem Namen bei einem Bauern leben würde. Ich wurde von ihnen mit Nescafé, Schokolade und Chesterfield-Zigaretten überhäuft. Ein Jeep brachte mich von der Bauernschaft nach Delbrück zu meinem Vater. Meine Schwester hatte es bei ihrem Bauern nicht ausgehalten, sie war die Arbeit ja auch nicht gewöhnt, und ging zu meiner Mutter, die auf dem größten Hof wohnte.

Wir bekamen von den Amis eine Wohnung zur Verfügung gestellt. Das Schlimmste schien überstanden. Es war leider nicht so. Der Stadtkommandant fand mich nett. Meine Schwester und ich wurden jeden Abend von seinem Adjutanten abgeholt. Er hatte eine feudale Villa beschlagnahmt. Wir wurden überhäuft mit Geschenken. Es wurde nach toller amerikanischer Musik getanzt. Er war aber nicht mein Typ und zu alt. Er wollte mehr, als ich bereit war zu geben. Ich offenbarte mich meinen Eltern. Mein Vater organisierte ein Auto, und bei Nacht und Nebel verschwanden wir Richtung Elternhaus, also nach Jägerhaus. Wir mußten uns beeilen, aus dem Kreis des Town Mayors zu entkommen, da sich unser Verschwinden am Morgen herumgesprochen hatte.

Wie das bei alten Autos so war, wurde ein Reifen platt. Ohne Aufenthalt ging es weiter, so fuhren wir eben auf der Felge. Mit viel Glück passierten wir seine Grenze, also seinen Machtbereich.

Mein Vater setzte uns drei an einem Straßengraben ab, ließ den Wagen stehen und fuhr mit einer amerikanischen Militärpolizei davon. Da es mittlerweile heller Tag war, passierte uns nichts, da es den Amis streng verboten war, uns zu belästigen. Nach langer Zeit erschien mein Vater mit einem Offizier und Jeep, die uns wohlbehalten nach Hause brachten.

Wieder zurück

Es hatte sich schon herumgesprochen daß wir wieder zurück sind. Was war die Folge? Alle Nazis beschenkten uns mit zwei Schweinen, einem Sack Weizenmehl, Zucker usw. Sie wollten von meinem Vater einen „Persilschein", so nannte man eine Bescheinigung, daß sie keine Nazis waren.

Es kam auch ein Metzger zum Zerlegen. Gefrierschrank gab es ja noch nicht. Wir weckten einen Teil ein in Weckgläser und machten Würste jede Menge, die dann in kochendem Wasser gegart wurden. So verbrachten wir drei Tage im Streß, bis es klingelte und wir zwei amerikanische Offiziere begrüßten. Sie befahlen uns, innerhalb von zwei Stunden das Haus zu räumen, für sie als Fronttruppen. Alles Zetern und Erklären unsererseits half nichts, im Gegenteil, sie hätten uns ja befreit. Als erstes brachten wir die frisch geschlachteten Schätze in Sicherheit. Es gab rund ums Haus zwischen Dach und Mauern einen Gang. Dann war der Keller noch voll Wein. Unser Nachbar, Chefarzt der Klinik für geistig Behinderte, bot uns als ehemaliger Nazi Unterkunft an. Wir wußten ja, daß in der Klinik die schlimmen Fälle alle verschwanden auf Befehl des Führers.

Die Fronttruppen zogen ein, und wir durften eine halbe Stunde pro Tag in unser Haus. Im Atelier meines Vaters stand ein großes Bild meiner Mutter und meiner Schwester mit mir, von einem guten Maler angefertigt. Wenn sie blau waren, haben sie es zu Schießübungen benutzt.

Das Wetter wurde trotz Mai richtig warm. Unser Grundstück durften wir benutzen. So saßen wir allabendlich im Wald, tranken unseren Wein und aßen leckeres Essen von den Amis. Ein Offizier aus New Jersey wurde mein Freund. Meinen Plattenspieler hatte ich unter meinem Bett verstaut. Ich ging mit meinem Vater ins Haus. Er mußte die Herrschaften ablenken, damit ich den Apparat holen konnte. Ich hatte ihn schon, da kam einer ins Schlafzimmer. Das Fenster hatte ich vorher geöffnet, und im Nu war ich draußen. Es war nicht so hoch. Meine nächtlichen Eskapaden hatte ich im Krieg auf die gleiche Weise so oft beendet, wodurch meine Eltern nichts erfuhren.

So hörte ich die erste Franky-Boy-Schallplatte, die uns begeisterte. Die Platte von Frank Sinatra habe ich wohl noch irgendwo.

Die Truppen wollten nur drei Tage bleiben. Daraus wurden 14 Tage. Unser Haus war versaut, wurde aber von der Kommandantur vollkommen renoviert.

Tauschhandel

Wie ich unsere Errungenschaften an Fleischwaren aus dem Versteck holte, war alles voller Maden. Ich packte alles zusammen und brachte es zum Metzger, der mir reelle Fleischmarken dafür gab. Er hat sicherlich alles mitverwurstet. Ohne Amerikaner begann auch für uns die Kungelei. Es entstanden Tauschzentralen. Eine Puppe gegen ein paar Schuhe usw.

Wir hatten ja keine Biber mehr, da mein Vater auch nicht zu Hause war. Tante Lilly, meine Schwiegermutter in spe, wohnte nach dem Verlust ihrer Wohnung in Münster bei uns. Ihr Mann war Chefredakteur in Münster, bis die Nazis ihn zwingen wollten, in die Partei einzutreten. Dem hat er sich entzogen, indem er sich freiwillig an die Front zu Rommel nach Afrika meldete.

Jochen, mein Freund, war Leutnant auf einem U-Boot. Eine kleine Anekdote. Sein Vater und er hatten 1942 einmal parallel Urlaub. Wir genossen es sehr. Jochen hätte eigentlich einen Tag später zurück sein sollen, doch daß alle zusammensein konnten, kam ja nie vor. So veranlaßte sein Vater als Major, daß sein Urlaub drei Tage verlängert wurde. Das hat ihm das Leben gerettet, das erste U-Boot, in dem er hätte sein sollen, ist versenkt worden.

Nun war der Krieg zu Ende. Damit fing die Hamsterei an. Traf man sich mit Freunden, war dieses das Hauptthema. Mein Vater malte ja sehr gute Aquarelle in der Naß-auf-Naß-Technik. In 25 Minuten war ein Bild fertig.

Mein Freund und sein Vater reisten von Ort zu Ort und verkauften die Bilder gut. Mein Vater wurde 1946 für die FDP für eine Wahlperiode Landtagsabgeordneter in Düsseldorf, dadurch hatten wir auch ein Auto. Er war im Justiz- und im Kulturausschuß. Außerdem waren mein Vater und ich zuständig, Vorräte zu besorgen. Es gelang uns durch Geld und weil wir beide mit den Bauern Skat spielten. Wir wohnten ja auch auf dem Land und waren daher bekannt.

Mein neuer Freund

So verging der Sommer. Meine Freundin erzählte mir, daß in der Nähe von Münster eine Einheit deutscher Offiziere in englischer Kriegsgefangenschaft stationiert wäre, mit Uniform und Ordenszeichen bekleidet. Ich war sofort Feuer und Flamme. Wir luden sie zu uns nach Hause ein. Unter diesen Offizieren war mein zukünftiger Ehemann Walter. Er kam, sah und siegte. Ich hatte meinen langjährigen Freund Jochen total vergessen. Der wollte sich vor Kummer das Leben nehmen, hat es aber gottlob nicht getan.

Mein Vater organisierte der Familie eine Wohnung und einen Geschäftsladen, in dem sie Bronze- und Messingartikel verkauften und Bilder meines Vaters. Was anderes gab es zu dieser Zeit ja nicht. Als Aquarellist war er Meisterschüler von Otto Modersohn gewesen und er hatte zum Worpsweder Kreis gehört. 1933 hatte er Malverbot erhalten. Ausstellungen gab es erst wieder nach 1945 in Hagen und Münster.

Mein neuer Freund Walter leitete für die Engländer eine Transport Company. Sie mußten in 3-Tonner-Lastwagen, Wein, Lebensmittel usw. transportieren. Wir partizipierten natürlich davon. Aber noch wichtiger war der Sprit. Wir sogen ihn mit dem Schlauch an, und der Sprit lief in unseren Kanister. Denn auch für uns war der normal zugeteilte Sprit nicht ausreichend.

Nach kurzem Beisammensein waren wir beide uns einig, daß wir zusammenbleiben wollten. Sein Familie war streng katholisch. Nach einer schlaflosen Nacht fuhr ich am nächsten Tag mit dem Rad in unseren drei Kilometer entfernten Wallfahrtsort. Nach meinem Wunsch zu konvertieren wurde ich als neues Schäfchen herzlich empfangen. Ein theologischer Studienrat beriet mich großartig. Ich war innerlich dazu auch bereit, da im Dritten Reich uns auch nur Katholiken geholfen haben. Denn ohne die Hilfe der Kirche wären wir auch als Flüchtlinge nicht bei den Bauern untergebracht worden in Delbrück.

Niemand wußte von meinem Vorhaben, zu dem ich zweimal pro Woche mit dem Rad fuhr. Ich wurde nochmals getauft und ging dann zur Kommunion. Die Bauernschaft wußte es vor meiner Familie, da sie mich in der Kirche miterlebten. Die meisten kannten mich ja auch schon, da ich im Krieg bei den Totenfeiern und beim Litanei-Beten immer dabei war. Es gab danach leckeren Streuselkuchen.

Die Heirat

Wir heirateten ein halbes Jahr später, am 8. März 1946, mit allem Pomp, der zu dieser Zeit möglich war. Mein Kleid war aus Fallschirmseide angefertigt, der Frack meines Mannes geliehen. Alle Damen trugen lange Kleider. Da mein Schwiegervater vor der Nazizeit Vizepräsident des preußischen Landtags in Berlin war, er aber leider nach 1933 aller Ämter enthoben wurde, mußte er nun, um seine Familie ernähren zu können, mit dem Koffer voll Wäsche von Kirche zu Kirche, von Kloster zu Kloster im Kölner Raum fahren. Nach dem Krieg (er saß mit Adenauer auch kurz in Buchenwald) wurde er Präsident der Oberpostdirektion von Köln und Aachen. Er fuhr einen Horch mit Chauffeur, was bei der Hochzeit bewundert wurde.

Kurz danach verließ mein Mann die Engländer mit einem fingierten Attest und nahm eine Stelle beim Verkehrsamt an, zu dem er mit dem Motorrad fuhr.

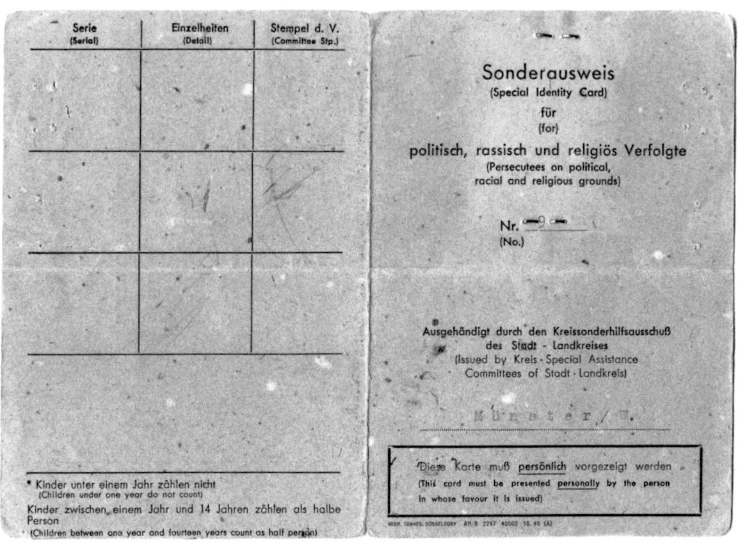

Serie (Serial)	Einzelheiten (Detail)	Stempel d. V. (Committee Stp.)

* Kinder unter einem Jahr zählen nicht
(Children under one year do not count)
Kinder zwischen einem Jahr und 14 Jahren zählen als halbe Person
(Children between one year and fourteen years count as half person)

Sonderausweis
(Special Identity Card)
für
(for)
politisch, rassisch und religiös Verfolgte
(Persecutees on political, racial and religious grounds)

Nr. ......
(No.)

Ausgehändigt durch den Kreissonderhilfsausschuß des Stadt - Landkreises
(Issued by Kreis - Special Assistance Committees of Stadt - Landkreis)

Münster/W.

Diese Karte muß persönlich vorgezeigt werden
(This card must be presented personally by the person in whose favour it is issued)

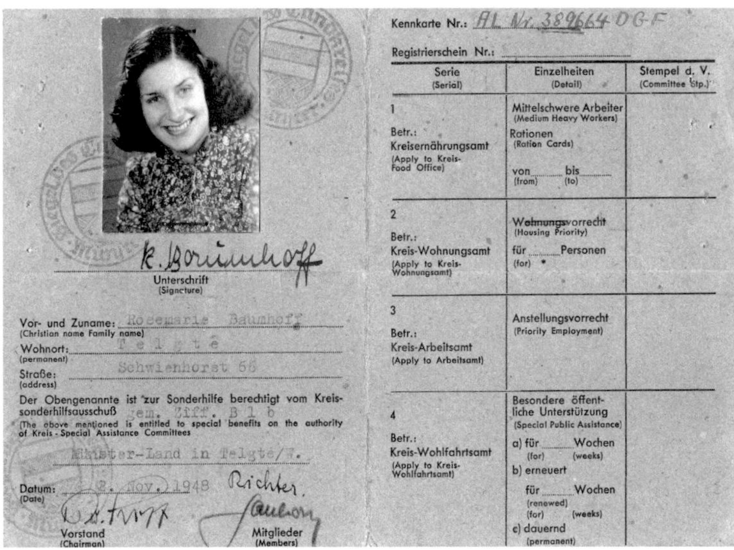

Unterschrift
(Signature)

Vor- und Zuname: Rosemarie Baumhoff
(Christian name Family name)
Wohnort: Telgte
(permanent)
Straße: Schwienhorst 66
(address)
Der Obengenannte ist zur Sonderhilfe berechtigt vom Kreissonderhilfsausschuß gem. Ziff. B 1 b
(The above mentioned is entitled to special benefits on the authority of Kreis - Special Assistance Committees

Münster-Land in Telgte/W.

Datum: 2. Nov. 1948 Richter
(Date)

Vorstand (Chairman) — Mitglieder (Members)

Kennkarte Nr.: AL Nr. 389664 DG-F

Registrierschein Nr.: ......

Serie (Serial)	Einzelheiten (Detail)	Stempel d. V. (Committee Stp.)
1 Betr.: Kreisernährungsamt (Apply to Kreis-Food Office)	Mittelschwere Arbeiter (Medium Heavy Workers) Rationen (Ration Cards) von ...... bis ...... (from) (to)	
2 Betr.: Kreis-Wohnungsamt (Apply to Kreis-Wohnungsamt)	~~Wohnungs~~vorrecht (Housing Priority) für ...... Personen (for)	
3 Betr.: Kreis-Arbeitsamt (Apply to Arbeitsamt)	Anstellungsvorrecht (Priority Employment)	
4 Betr.: Kreis-Wohlfahrtsamt (Apply to Kreis-Wohlfahrtsamt)	Besondere öffentliche Unterstützung (Special Public Assistance) a) für ...... Wochen (for) (weeks) b) erneuert für ...... Wochen (renewed) (for) (weeks) c) dauernd (permanent)	

Junge Familie

Wir wohnten weiterhin im Elternhaus. Ein Jahr später wurde mein Sohn Dieter geboren. Ein Jahr darauf meine Tochter Gaby. Nun hatten wir ja auch die Währungsreform. Es bekam jeder 40 DM.

Wir blieben weiter bei meinen Eltern wohnen. Es begann für mich eine schwere Überzeugungsarbeit, meinen Mann zum Weiterstudieren zu bewegen, was er 1938 begonnen hatte. Ich bekam eine kleine Summe Wiedergutmachung, die ich ihm gab für die Studiengebühren. Er studierte ein Jahr lang Betriebswirtschaft in Münster und zwei in Köln und bestand 1950 sein Staatsexamen. Er wohnte bei seinen Eltern.

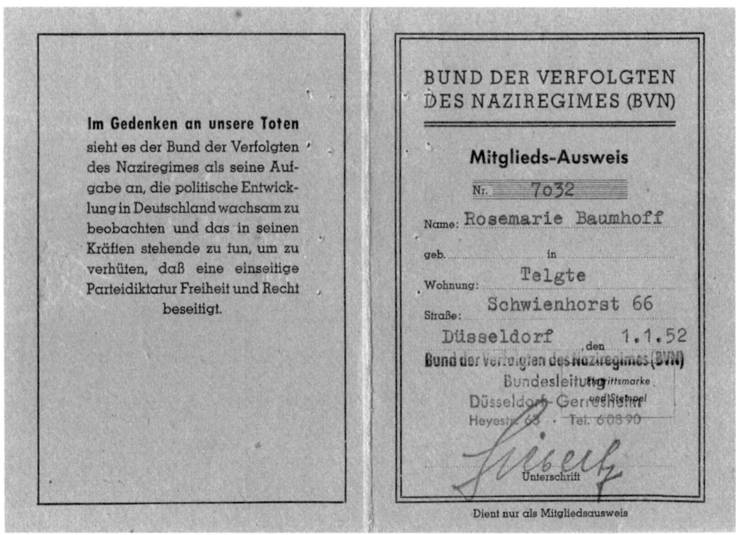

Im Gedenken an unsere Toten sieht es der Bund der Verfolgten des Naziregimes als seine Aufgabe an, die politische Entwicklung in Deutschland wachsam zu beobachten und das in seinen Kräften stehende zu tun, um zu verhüten, daß eine einseitige Parteidiktatur Freiheit und Recht beseitigt.

BUND DER VERFOLGTEN DES NAZIREGIMES (BVN)

Mitglieds-Ausweis

Nr. 7032

Name: Rosemarie Baumhoff

geb. in

Wohnung: Telgte

Straße: Schwienhorst 66

Düsseldorf, den 1.1.52

Bund der Verfolgten des Naziregimes (BVN)
Bundesleitung
Düsseldorf-Gerresheim
Heyestr. 68 · Tel. 60890

Eintrittsmarke und Stempel

Unterschrift

Dient nur als Mitgliedsausweis

Familiendrama

Es geschah aber noch etwas Furchtbares, was mich tief traf. Mein Vater hatte eine andere Frau kennen- und lieben gelernt. Für meine Mutter brach eine Welt zusammen und für mich auch.

Nachdem wir 1952 in Münster unsere erste eigene Wohnung bezogen und mein Mann erst bei meinem Vater anfing, ging alles noch einigermaßen. Als wir aber nach Köln gingen, verkaufte er unseren schönen Besitz. Meine Mutter war ja machtlos, da sie nicht als Eigentümerin im Grundbuch eingetragen war und nach dem Krieg nicht mehr auf die Idee kam, daß so etwas einmal passieren könnte.

Meine Mutter mußte 1956 nach Münster in eine Wohnung ziehen. Durch den seelischen Kummer bekam sie eine Leberzirrhose, an der sie fünf Jahre später starb.

Ich habe ein Jahr tief um sie getrauert. Wir blieben sechs Jahre in Köln, hatten viele Freunde, Partys ohne Ende. Das war unser aller Nachholbedarf.

Mein Mann wechselte oft seinen Job, was mir Spaß machte. Seiner Gesundheit war es aber wohl nicht so zuträglich, wobei man die vier Jahre Rußland nicht vergessen darf. Er starb 1979 mit 59 Jahren. Eine unvorstellbare Zeit setzte für mich ein. Meine Religiosität half mir etwas.

Die Jahre danach

Meine Kinder waren inzwischen alle verheiratet. Ich habe sieben Enkelkinder – Nina, Amelie, Sebastian, Alexander James, Sebastian Walter, Julia und Johanna –, die ich alle sehr liebe; mein Mann kannte nur drei.

Um mit meinem Schicksal fertig zu werden, habe ich mich sozialen Aufgaben zugewandt. Einhüten nicht nur bei meinen Enkeln, sondern auch bei Freunden und Fremden, bis ich den Hund meiner Tochter erbte. Er tat mir gut. Ich war in der Kinderklinik ehrenamtlich tätig. Was man dort zu sehen bekam, ließ den eigenen Kummer in den Hintergrund treten.

Außerdem bin ich aktiv in unserer Pfarrei tätig.

Meinen jüngsten Sohn Jürgen, der 1952 geboren wurde, verschlug es in den asiatischen Raum durch seine Ehe. Er ist in der Hotelbranche tätig.

Ich reiste jährlich dorthin und besuchte alle Länder. Von nun an konnten mich diese unterschiedlichen Kulturen begeistern.

Da ich von jung an ein Außenseiter war und alles alleine riskierte, so tat ich das in diesen Ländern auch. Es gab noch keine Terroristen, und ich konnte mich frei bewegen. Später stieß ich zu einer Reisegruppe, die mich nach USA, Südamerika und Mexiko führte. Meinen Hund übernahm dann meine Tochter in Frankfurt, von wo die Flüge sowieso abgingen.

Und heute

Mittlerweile bin ich 80 Jahre alt. Nach einem Dankesgottesdienst hatten meine Kinder und meine Freunde ein schönes Geburtstagsfest für mich ausgerichtet.

Ich danke Gott, daß es mir noch recht gut geht.

Inzwischen besitze ich meinen fünften Hund, wie immer eine Peggy, zwei hatte mein Mann noch miterlebt.

Sie sind ein Trost für mich, machen mir Freude und Lebensmut.

Mein Mann ist jetzt fast 27 Jahre tot, und ich träume fast jede Nacht von ihm, was mir auch sehr hilft, das Leben zu meistern.

Ich war ein Außenseiter, ich bin ein Außenseiter, und ich bleibe ein Außenseiter. Mein Leben lang habe ich kämpfen müssen gegen äußere Unbill und eigene Schwächen.

Köln 2005

Diese Geschichte wurde von Roja Baumhoff aufgeschrieben.

Rosemarie Baumhoff, genannt Roja, wurde 1925 als lebenslustiges Mädchen zur falschen Zeit am falschen Ort geboren. Wegen des jüdischen Glaubens ihrer Mutter blieb Roja das Abitur verwehrt, und ihren Traum, die Tradition der mütterlichen Linie fortzuführen und Ärztin zu werden, musste die junge Heranwachsende ebenfalls aufgeben.

Auf Bitten ihrer Kinder schrieb Roja, von ihrem langjährigen Freund Jochen liebevoll „Ajor" genannt, mit 80 Jahren ihre Erinnerungen nieder und das seinerzeit noch unveröffentlichte Buch „Ajor, die Halbjüdin" entstand.

Rosemarie verstarb 2017 im Alter von 92 Jahren. Ihr zum Andenken und als Zeitzeugnis wollen ihre drei Kinder dieses Buch einer größeren Öffentlichkeit zugänglich machen.

Bibliographische Information der Deutschen Nationalbibliothek
Die Deutsche Nationalbibliothek verzeichnet diese Publikation
in der Deutschen Nationalbibliographie; detaillierte bibliographische Daten
sind im Internet über http://dnb.d-nb.de abrufbar

Eine Marke der Frieling & Huffmann GmbH & Co.KG
Rheinstraße 46 · 12161 Berlin · Tel.: 0 30 / 76 69 99-0
www.frieling.de

ISBN 978-3-8280-3525-6
1. Auflage 2006 · 2. Auflage 2020
Auch als E-Book erhältlich (ISBN 978-3-8280-3526-3).
Gestaltung: Michael Reichmuth · Bildnachweis: Archiv der Autorin